KB213579

안 동
문 화
100선

최
성
달 崔晟達

2007년 『문학세계』 희곡 부문으로 등단
저서로 시집 『안동한지』(2013), 『한국음식의 종가 안동 食』(2010), 『안동 이야기 50선』(2016), 『안동 스토리텔링』
상·하(2017) 등이 있으며, 뮤지컬 〈왕의나라〉(2011), 〈원이엄마〉(2013) 등 다수의 작품을 창작하며 프리랜서
작가로 활동하고 있다.

이
동
춘 李東春

신구대 사진학과에서 사진을 전공하고 1987년부터 20여 년간 출판사 디자인하우스에서 에디토리얼 포토그래퍼로
일했다. 13년 전부터 안동을 중심으로 종가문화와 관련된 작업에 주력하고 있다.
개인전으로 〈경주, 풍경과 사람들〉, 〈선비정신과 예를 간직한 집 '종가'〉 등을 개최했으며, 사진집으로는 『도산구
곡 예던길』, 『오래 묵은 오늘, 한옥』 등이 있다.

안동식혜

安東食醢

최성달 글
이동춘 사진

민 속 원

안 동 식 혜
安 東 食 醯

차례

안동식혜는
식해인가? 식혜인가?

　문헌상으로 볼 때 식해食醢와 식혜食醯는 서로 연관성이 있으면서 구별되는 음식이다. 이 둘은 『주례周禮』, 『석명釋名』, 『설문해자說文解字』에도 등장하는 음식이다. 조선후기 실학자 정약용은 "혜醯는 산미酸味가 있는 액즙이며, 해醢의 액즙이 많은 것을 혜醯라 한다"고(윤숙경, 『경상도의 식생활문화』, 21~22쪽) 설명하였다. 어쨌든 식혜[감주甘酒]는 한반도 전역에 퍼져 있다. 밥에 엿기름물을 부어서 끓여 삭힌 것이다.

　'식해'와 '식혜'는 비슷한 발음이지만 근본적으로 다른 음식이라 할 수 있다. 두 음식 모두 밥을 기본 재료로 해서 발효시킨 것이지만 첨가되는 재료와 숙성방법의 차이에 따라 구분된다. 식해는 주로 생선에 조밥과 소금, 고춧가루, 무 등의 양념을 버무려 삭힌 음식으로 한자에서도 알 수 있듯이 젓갈에 가깝다고 볼 수 있다. 반면 '단술', '감주'라고도 하는 식혜는 다른 첨가물 없이 밥을 주재료로 해서 엿기름물, 생강, 설탕 등을 넣고 끓여서 삭힌 음식으로, 오늘날의 음료에 가깝다. 따라서 안동식혜는 생선 등 부재료 없이 양념이 풍부해진 형태이므로 '식혜'라 표기하는 것이다.

식해는 원래 열대지방에서 생선과 고기를 오래 저장하고자 쌀과 소금을 섞어 숙성시켜 먹던 것에서 비롯되었는데 2세기경 중국으로 건너오면서 종류가 보다 다양해졌다. 이 중 대표적인 것은 육류, 생선 혹은 젓갈을 곡물, 향신료 외에 채소를 넣은 '김치형 식해'와 육류나 해산물을 넣지 않고 채소를 전통적인 식해에 첨가한 '식해형 김치' 등 다양하게 개발되었다. 우리나라에서는 조선 중엽부터 『수운잡방需雲雜方』(1491~1555), 『쇄미록瑣尾錄』(1591~1601), 『주방문酒方文』(1600년경), 『요록要錄』(1680), 『진연의궤進宴儀軌』(1719), 『재물보才物譜』(1798), 『오주연문장전산고五洲衍文長箋散稿』(1850) 등 문헌에 등장한다.

어식해 외에도 우리 조상들은 다양한 식해를 만들어 먹었다. 산돼지의 껍질로 만든 산저피山猪皮식해, 꿩과 밀가루와 소금으로 만든 꿩식해, 도라지식해, 거위고기식해, 소창자로 만든 우탕牛腸식해, 죽순식해, 참새식해를 만들어 먹었다는 기록도 보인다. 어식해의 종류도 다양했다. 동태식해, 도루묵식해, 가자미식해, 명란식해, 멸치식해, 송어식해, 잉어식해, 마른고기식해, 문어식해, 뱅어식해, 새우식해, 조개식해, 낙지식해 등이 문헌에 나오는데, 공통적 특징은 중국이나 일본과 달리 엿기름을 사용했다는 점이다.

고물과 엿기름을 이용하여 감주甘酒를 만들고 유자를 곁들여 식해라고 표기했는데 좀 더 구체적으로 언급하면, 생선이나 육류에 소금과 엿기름 그리고 밥을 합한 것이었다. 안동대 배영동 교수는 그 중 안동식혜는 동해안의 어식해에서 생선이 제거되고 제례음식이었던 밥식해를 좀 더 맛있게 먹을 수 있도록 고안한 것이라고 보고 있다. 고두밥에 엿기름을 넣고 삭힌 밥식해가 감주형 식혜의 영향으로 음료의 속성이 첨가되었다는 것이다.

안동은 내륙도시의 특성상 모든 생선은 동해안의 강구항 또는 축산항 등에서 들어왔는데 이때 물류만 들어온 것이 아니라 음식문화도 함께 전파되었다. 안동식혜는 동해안의 어식해에서 고기가 빠진 대신 채소와 곡물이 결합한 형태라고 볼 수 있다.

일반적으로 식혜는 찹쌀이나 멥쌀로 지은 밥에, 엿기름을 우린 물을 부어 삭힌 음료를 말한다. 안동 지역에서는 이러한 방식 외에 특별한 제조법으로 식혜를 만들어왔다. 그렇기 때문에 요즘에는 기존의 보편적 의미의 식혜와 지역의 특색 있는 음료를 구분하기 위하여 전자는 감주甘酒, 후자는 안동식혜安東食醯라 일컫고 있다.

안동식혜는 몇 가지 다른 이름으로 불리고 있다. 먼저 무가 들어가기 때문에 '무우식혜'라 하기도 한다. '무우'는 '무'의 안동 사투리이다. 또한 재료로 찹쌀이나 멥쌀 대신 조, 수수 등의 잡곡을 사용하기도 하므로 '막식혜', '허드레식혜'라고 불리기도 한다.

안동지역 음식은 간이 강하며 음식의 국물이 적고 일반적으로 톡 쏘게 맵고 짠 것이 특징이다. 이는 농사를 지을 수 있는 평지가 적고 산지로 둘러싸여 있어 기온의 편차가 뚜렷한 안동의 지리적 특성 때문이라고 추정되기도 한다. 매콤달콤하고 국물 없이 빡빡하면서도 톡 쏘는 맛이 일품인 안동식혜는 안동 고유의 특성을 고스란히 담고 있는 음식이라 할 수 있다.

안동식혜의 유래에 대해서는 여러 가지 설이 있지만, 그중에서도 동해안의 어식해魚食醢와 '소식혜蔬食醯'에서 파생된 음식이라고 보는 것이 일반적이다. 동해안에서는 예로부터 생선과 밥에 양념을 섞어 버무려 삭힌 것을 어식해라 하여 밥반찬으로 즐겨 먹어 왔다. 어식해에 넣을 만한 고기가 없거나 생선의 비린내를 싫어하는 사람 또는 여러 가지 이유로 생선을 먹지 못하는 사람은 고기를 빼고 밥과 무 같은 채소를 버무려 식해를 담가 먹었는데, 이를 소식혜라 한다. 소식혜는 동해안 어식해 분포 지역에 고루 발달하였을 뿐만 아니라 해안 지역보다는 내륙 지역에서 더욱 발달하였다.

이러한 어식해와 소식혜가 각 지역에 전해지면서 지역별로 독특한 음식으로 발달하게 된다. 특히 소식혜는 평창, 울진, 안동, 경주, 포항 등 광범위한 지역에 퍼졌다. 강원도의 정선이나 평창에서는 소금 대신 새우젓국을 넣은 김치 형태로 발달하여 식해짠지라는 음식이 되었다. 경상북도의 경주와 포항에는 밥에 무, 파, 마늘 등을 넣고 소금으로 간하여 빡빡하게 만든 밥식해가 있고, 경상북도 의성에는 무와 밥을 버무린 무식혜가 있다. 또한 안동에서는 안동식혜로 발달하였다.

오늘날 안동식혜의 매운맛과 붉은색은 안동식혜를 상징하는 대표적인 이미지가 되었지만 원래부터 붉었던 것은 아니다. 고추가 우리나라에 도입된 것은 18세기 중엽 이후이므로 안동식혜가 붉어진 것 또한 그때부터라고 추측할 수 있다. 안동에서는 안동식혜의 한 종류로 고춧가루를 사용하지 않는 '백식혜白食醯'가 전해지고 있다. 매운 것을 싫어하는 사람들이나 붉은색에 거부감을 느끼는 사람들이 주로 만들어 먹는데, 이것이 안동식혜의 초기 형태라 볼 수 있다.

안동식혜는 원래 안동 지역의 음식답게 물기가 적고 건더기가 빡빡하여 음료라기보다는 숟가락으로 떠먹어야 하는 음청류飮淸類에 가깝다고 할 수 있다. 그런데 오늘날에는 이것이 널리 알려지고 관광 상품화되면서 타 지역 사람들의 입맛에 맞추기 위하여 매운맛이 감소되고 단맛이 강화되었으며, 건더기보다는 일반 식혜와 같이 국물이 많은 음료로 변형되고 있다. 안동식혜의 독특한 맛은 발효숙성 온도와 시간에 따라 관여하는 미생물의 소장消長과 효소의 활성도 및 조직감의 변화와 저장성에 따라 달라진다.

안동식혜는 예부터 감주와 더불어 잔치음식으로 사용되어 왔다. 특히 추운 겨울에 많이 담가 먹었다. 소화에 도움을 주는 무가 들어간 데다 맵고 칼칼한 맛 때문에 식후 입가심용이나 밤참으로도 그만이다. 요즘은 향토음식으로 각광받으면서 헛제사밥이나 간고등어정식 등을 취급하는 전통음식점에서 후식으로 제공되고 있다.

고조리서 『수운잡방』에 소개된 어식해

어식해와 관련해서는 안동 오천 군자리 탁청정濯淸亭 김유金綏(1491~1555)가 지은 고조리서 『수운잡방』에 처음으로 그 만드는 법이 소개되어 있다.

"천어川魚의 배를 갈라 깨끗이 씻은 것 1말에 소금 5홉을 뿌려 재웠다가 6시간 지난 후에 다시 씻어서 앞의 방법대로 소금에 절여 둔다. 이것을 포대布袋에 담아서 판자 사이에 끼워 누려 물기를 뺀 다음, 멥쌀 4되로 밥을 짓고 소금 2홉과 밀가루 2홉을 갈아 섞어 항아리에 담는다. 항아리에 채워지지 않은 곳에 도토리나무의 마른 잎으로 채우고 작은 돌로 눌러 놓은 후, 항아리에 물을 채운다. 생도토리나 무 잎을 쓰면 식해의 맛이 시어지게 되므로 마른 잎을 사용해야 한다. 쓸 때에는 먼저 부었던 물을 퍼낸 다음에 내어 쓰며, 쓰고 난 다음에는 다시 먼저처럼 나뭇잎을 고르게 덮고 돌로 누른 후 퍼내었던 물을 다시 붓는다. 동아를 옷고름처럼 썰어 소금에 절여 물기를 빼고 함께 담아도 역시 좋다."

우리나라에서는 대체로 동해안 지역의 바닷고기를 활용한 어식해와 육지의 고기, 채소 등을 활용한 식해가 대부분인데, 『수운잡방』에서 담수어를 활용한 어식해의 사례가 소개되고 있어 소중한 자료적 가치를 보여주고 있다. 어식해 계열의 식해는 소금, 쌀, 생선의 발효음식으로 도작稻作 문화와 더불어 여러 곳으로 확산된 음식이다. 라오스, 베트남 등지의 메콩강 유역을 중심으로 담수어 기반의 젓갈이나 식해가 발달했던 맥락과 닿아 있음을 알 수 있다.

삼면이 바다로 둘러싸여 있을 뿐만 아니라 한강, 금강, 낙동강, 섬진강 등 풍부한 수자원을 확보하고 있는 우리나라에서 염장 및 발효 음식이 다양한 재료와 방법으로 만들어지고 향유되었던 사실을 상기할 필요가 있을 것이다.

　우리나라는 북위 33~34도 이르는 중위도에 자리 잡아 여름에는 덥고 강우량이 많지만 겨울에는 대륙으로부터 건조한 계절풍이 불어와 한랭하고 비가 잘 오지 않은 온대몬순기후다. 국토 또한, 남북으로 길고 동서 간에는 산맥이 가로막혀 5개의 기후가 한반도에 나타나는데 이러한 기후와 지리적 여건은 음식문화의 형성에도 큰 영향을 끼쳤다. 예를 들어 긴 겨울 3개월을 나고자 늦가을 음식 재료인 무, 배추, 고춧가루를 활용한 다량의 김치를 담그는 음식문화가 정착되어 지금까지 이어지고 있다는 것이다.

　안동을 중심으로 하는 경북 북부지역 문화권은 역사적으로 고구려와 신라의 접경지역으로 두 나라의 문화적 특성을 함께 이어받았다. 안동은 고대로부터 이어온 민속문화, 신라 이후 형성되어 꽃을 피운 고려의 불교문화, 그리고 조선의 유교문화가 혼재하여 있지만 그중에서도 유교의 종지가 온전하게 보전 전승되는 곳이다. 특히 안동은 문사철文史哲의 인문학적 전통이 강하고 '안동학'이 존재할 정도로 이곳만의 독특한 문화를 창출했는데 음식에 있어서도 예외가 아니었다. 안동문화권이라고 할 수 있는 경북 북부지역은 지금도 안동식혜를 전통방식으로 발효시켜서 먹고 있다. 차이점이라면 안동지역에서는 무를 네모로 썰고 의성에서는 잘게 썬다는 정도다.

안동, 영주, 청송, 봉화, 예천, 의성, 영양 등의 지역에서 이처럼 안동식혜의 고유성과 전통성에서 단일한 정체성을 유지할 수 있었던 비결은 무엇이었을까? 여러 요인이 복합적으로 작용했겠지만 가장 큰 이유는 아무래도 유교제례를 기반으로 한 통혼권이었기 때문일 것이다. 경북 북부지역은 어느 곳이든 안동을 중심으로 모두 반경 50km 내외에 자리 잡고 있는데 이 거리는 교통이 불편한 시절에도 아들딸을 성혼시킨 부모가 한나절이면 친정이나 사돈댁을 갈 수 있는 거리였다. 이렇듯 겨울철 별미였던 안동식혜는 바로 산지로 둘러싸여 토착사회의 전통이 흐트러지지 않은 채 오랫동안 지속되어온 지리적 영향이 유교제례 문화와 결합하여 빚어낸 안동만의 독특한 음식문화인 것이다.

임란 이후 향촌에 확고한 기반을 가지고 있는 사림 세력은 서원과 향약, 그리고 농장을 토대로 발전하였는데 서원은 교육기관으로 이 기구를 중심으로 향촌의 선비와 유생들이 학덕과 연륜이 높은 이를 모시고 술을 대접하면서 잔치를 하는 향음주례鄕飮酒禮를 행하였다고 한다. 이런 환경과 향토의 모임이 향토음식 발전의 환경이라 할 수 있으며 따라서 향음주례의 번창은 향토음식의 활성화에 일정부분 기여했다고 볼 수 있다.

그리고 조선시대에는 화려한 궁중 음식이 있었는데, 이는 기품 있는 반가의 음식과 교류되었다. 이러한 반가의 음식과 서민의 소박한 음식은 그 고장의 특색 있는 향토음식을 잘 보여 주고, 전통음식은 농경의례와 세시풍속에 지역성, 시간성, 문화성을 담아

〈안동식혜 분포지도〉

발전하였다고 볼 수 있다. 따라서 현재 우리나라의 전통음식은 긴 역사를 통해 여러 지역에서 다양하게 발전된 향토음식의 큰 집합체라 할 수 있다. 이렇게 선조들의 슬기와 지혜로움이 잘 스며들어 조화된 맛과 영양을 바탕으로 건강에도 기여하는 향토적 음식문화를 형성하여 왔다.

각 지방의 향토음식은 1900년 중반까지는 고유한 특색이 있었으나 점차 산업과 교통이 발달하여 다른 지방과도 왕래와 교역이 많아지고, 물적 교류와 인적 교류가 늘어나서 한 지방의 산물이나 식품이 전국 곳곳으로 퍼지게 되고, 음식 만드는 솜씨도 널리 알려지게 되었다. 한 민족의 식생활 문화는 그들이 살고 있는 지역의 자연조건에 따라서 기본적인 틀이 이루어지고 그것이 역대의 사회 환경 조건의 영향을 받으며 변천과 발전을 거듭하여 왔다.

안동은 도농복합도시여서 행정구역이 나눠져 있을 때에도 전국에서 군과 시의 지명이 '안동군' '안동시'로 동일한 곳이었다. 안동식혜의 식재료는 모두 안동에서 생산된 것이었다. 안동식혜에 꼭 들어가는 고춧가루와 생강과 무는 각기 다른 생리작용을 담당한다. 먼저 고추의 캡사이신 성분은 모세혈관을 넓혀 심폐기능을 강화하고 생강은 항산화 기능을, 그리고 무의 베타인 성분은 고혈압을 완화하는 데 도움을 준다. 특히 고추와 무와 생강의 혼합은 소화기능을 극대화하는 효과가 있다. 이중 한 가지만 들어가도 소화에 그만인데 3가지가 같이 들어갔으니 그야말로 최상의 소화제가 아닐 수 없다.

그동안 안동식혜의 발명과 관련해서는 안동대 배영동 교수에 의해 안동 부내의 향리들에 의해 탄생한 음식이라는 설이 제기되었다. 또한 동아대 이훈상 교수의 의견에 따르면 18~19세기 안동의 향리들은 경상도 감영監營의 영방營房을 주도하고 있었고, 안동 부내에서도 다른 지역 향리들과 차별화를 꾀하면서 호장을 중심으로 안동문화권에서의 세력을 넓히고 있었다. 예를 들어 안동 부내에서 차전놀이가 벌어질 때면 호장을 중심으로 한 향리들이 이를 주도하면서 승리한 편에 포상을 내리는 등 지역에 파견된 수령과 백성의 사이에서 실제적인 지방행정의 주도권을 잡고 있었음을 알 수 있다.

또한 당시 이방과 호장이 되기 위해서는 '면신례'를 거쳐야 했는데, 이러한 의례가 상당히 엄중하고 온갖 정성을 쏟아야 되는 행사가 되면서 새롭고 진귀한 음식이나 술에 대한 수요가 상당했던 것으로 보인다. 따라서 안동식혜는 향리들이 지역 제례와 입사의례, 문화활동 등의 전문가로 등장하게 되면서 이를 발전시켜 나가는 과정 속에서 탄생했을 가능성이 높다고 볼 수 있는 것이다.

여기서 좀 더 고민해보아야 할 지점은 특정한 인적 배경에만 주목해서는 안 된다는 것이다. 배영동 교수도 밝히고 있듯이 몇몇 유력 문중에서 '식혜는 안동 부내의 향리들이 만들어 먹던 음식'이라는 설이 있지만 안동문화권 지역이나 일반 주민들은 이러한 인식 없이 안동의 고유한 향토음식으로 즐기고 있기 때문이다. 따라서 안동식혜가 탄생하게 된 배경을 맥락적으로 이해할 수 있는 근거를 마련하는 것이 중요한 과제라 할 수 있다.

이에 더해 진정으로 주목해야 할 지역사적 배경으로 오일장을 빼놓을 수 없을 것이다. 안동지역에도 일찍이 오일장이 성행했는데, 『영가지永嘉誌』에 따르면 경상북도 안동 지역에는 부내장, 미질장, 옹천장, 편항장, 신당장, 산하리장, 귀미장, 풍산장, 내성장, 장동장, 재산장 등 11개의 장이 있었다고 전한다. 이중 부내장은 안동부의 성 안 객사 앞에 있었으며 2일과 7일에, 미질장은 임북에 있었으며 1일과 6일에, 옹천장은 안동부의 북쪽에 있었으며 3일과 9일에 장이 섰다고 한다. 편항장은 임동에 있었고 5일과 10일에, 신당장은 임서에 있었으며 4일과 9일에, 산하리장은 길안현에 있었고 5일과 10일에, 귀미장은 일직현에 있었으며 6일과 10일에, 풍산장은 2일과 7일에, 내성장은 7일에, 장동장은 춘양현에 있었으며 6일에, 재산장은 5일과 10일에 각각 장이 섰다고 한다. 1909년에 이르러 2·7일에 개장하는 부내장이 큰 시장으로 번성하여 농산물, 소, 생선, 그리고 특산물인 안동포와 안동소주 등이 활발히 거래되었다. 안동 부내장이 활성화되면서 풍산의 오일장은 3·8일로 변경되었다. 1963년 안동읍이 안동시로 승격되면서 부내장(구시장)과 신당장(신시장)은 상설

시장으로 발전해갔다.

　이들 전통 재래시장들은 1980년대까지만 해도 잔존하여 안동 지역의 여러 곳에서 정기적으로 열렸으나 교통이 편리해지면서 상당수 사라졌으며, 현재는 중앙신시장, 구시장, 서부시장, 용상시장, 북문시장 등이 안동 지역의 주요 상권을 형성하고 있다. 또한 풍산장은 현재까지도 안동 지역 오일장의 전통을 잘 이어오고 있는 장이다. 특히 풍산장의 인근에는 양반마을로 유명한 하회마을이 있으며 이 하회마을에 자리 잡고 있는 풍산류씨 종가가 예로부터 기제사나 불천위 제사 등의 제물을 마련하기 위해 풍산장을 많이 이용하였다. 교통이 편리해져 안동시장을 찾는 사람의 수가 상대적으로 늘어나면서 장세가 줄어들고는 있지만 풍산장을 이용하는 사람은 여전히 많은 편이며 주로 다른 장에서는 쉽게 볼 수 없는 탕건, 교의, 향로, 향합, 제기와 같은 제사용품이 많이 거래되고 있다. 또한 한우불고기축제와 같은 행사를 여는 등 약화되는 장세를 극복하기 위한 다양한 노력들도 시도하고 있다.

　특히 현재 구시장과 신시장으로 분화한 '부내장'은 안동문화권의 물산과 문화가 집결하는 최신 문명의 시공간이었다. 따라서 안동 부내의 행정권을 장악한 향리들과 상업자본들의 결합 속에서 자연스럽게 새로운 음식의 개발과 유통이 이루어졌을 가능성은 더욱 높다고 볼 수 있는 것이다. 게다가 안동지역에서는 시장을 중심으로 한 향토음식 탄생의 경험을 여러 차례 목격해왔다. 안동 주민이나 온 국민들이 인정하는 헛제사밥, 간고등어, 찜닭 등이다. 사실이 세 가지 향토음식도 최근에 발명된 문화상품이다. 더욱 주목해서 보아야 할 지점은 이 세 가지 향토음식 모두 전통시장을 기반으로 발명되고 확산되었다는 사실이다.

안동식혜의 원류,
백식혜

    안동식혜가 언제 어디서 누구에 의해 개발되었는지는 문헌적 기록이 없어 정확히 알 수가 없다. 다만 고춧가루가 주요 재료로 들어가는 것으로 보아 18세기 중후반에 개발되었을 것으로 보고 있다. 알다시피 고추는 이수광이 1614년에 지은 『지봉유설芝峯類說』에서 처음으로 일본에서의 도입을 밝히고 있다. 하지만 그 뒤 60년 가까이 흐른 1670년 정부인 안동장씨가 지은 『음식디미방』에는 아직 고추 사용 흔적이 보이지 않고 있다. 고추가 김치에 사용되었다는 기록은 그 보다 조금 시간이 더 흐른 1715년 홍만선의 『산림경제山林經濟』에서 비로소 나타난다.

    이에 따라 전문가들은 1600년대 말엽까지만 해도 고추를 쓰지 않고 무, 배추, 고사리, 청대콩 등으로 담근 김치와 소금에 절인 무 뿌리를 묽은 소금물에 담근 동치미 등이 식단에 올랐을 것으로 보고 있다. 안동 또한 이와 유사한 형태로 고춧가루를 사용하지 않는 백식혜白食醯가 지금까지 전해지고 있다. 매운 것을 싫어하는 사람들이나 붉은색에 거부감을 느끼는 사람들이 주로 만들어 먹는데, 이것이 안동식혜의 초기 형태라 볼 수 있다.

안동식혜의 형제,
어식해

    바닷가 지역의 오랜 전통 식품이었던 어식해[밥식해]의 대중화 및 산업화도 활발한 편이다. 경북 영덕군 강구농협에서 판매하는 어식해가 전국의 백화점과 할인점에서도 판매되고 있다. 오징어나 가자미 등에 고춧가루와 생강, 마늘 등 각종 양념을 넣어 만든 발효식 반찬으로 쌀밥이 전체 재료의 23%를 차지하는 것이 특징이다.

    동해안의 어식해魚食醢와 소식해蔬食醢에서 파생된 음식인 빨간 안동식혜를 누가 만들었는지에 대해서도 의견이 분분하지만 최근 배영동 교수의 논문에 의하면 안동읍내 고을원님과 함께 생활하던 아전들이 개발했을 가능성이 높다는 견해를 내놓고 있다. 당시 아전들이 고을 원은 물론 다양한 손님을 접대해야 했던 위치에 있어 음식에 있어서는 전문가들이라는 것이다. 더구나 고춧가루, 생강, 무는 대량 재배되기 전까지는 비싼 재료에 속했기 때문에 서민 가정은 물론 양반이더라도 가세가 흥하지 않은 집안에서는 선뜻 사용하기 어려웠다. 특히 지역 특성상 안동은 내륙도시이다 보니 생선이 귀했다. 바닷고기의 유통 경로는 대개가 강구항 등에서 육로를 통해 안동을 비롯한 경북 북부지역으로 들어오는 경우가 대부분이었다.

안동음식이 맵고 짠 것은 이처럼 저장성의 문제를 해결하고자 장류가 발달했기 때문인데 이 같은 지리적 여건은 안동식혜에도 영향을 미친 것으로 보인다. 안동식혜는 고추가 우리나라에 도입되어 일반화되고 맥아를 식혜에 이용하게 된 18세기 중엽이후 감주계 식혜와 고기 식해 그리고 김치의 중간형인 지금의 소식해 형태로 정립이 되었다. 오늘날 안동식혜의 대중화는 예미정과 헛제사밥, 까치구멍집 같은 향토음식점에서 물이 더 많은 음청류 형식의 후식으로 내놓으면서 손님들에게 각광받고 있다.

가자미식해 만드는 방법

동해안 지역에서는 어식해를 밥식해로 부르는데 안동에서 말하는 제례용 밥식해와는 완전히 다른 음식이다. 아래 사진에서도 볼 수 있듯이, 가자미식해는 어식해의 한 종류라고 할 수 있는데 권영숙 안동전통요리연구원장이 직접 신선한 재료를 구해서 만드는 방법을 시연해 주었다. 권원장은 그동안 마요리, 국화요리, 고등어요리, 사과요리 등을 개발하고 전시회를 개최하는 등 안동의 다양한 음식을 대내외에 알리는 홍보대사의 역할을 톡톡히 해왔다.

특히 얼마 전에는 인기리에 방영된 텔레비전 프로그램 '한식대첩'에서 경상북도 대표로 참여하여 다양한 경북의 음식을 전국의 시청자들에게 소개하기도 했다. 이 책에 소개되는 가자미식해 또한 권영숙 원장이 어린 시절 동해안에 살면서 어머니로부터 배운 비법을 한식대첩에 이어 다시 한 번 맛갈스러움과 먹음직스러움으로 담아냈다. 재료는 무, 고춧가루, 좁쌀, 찹쌀, 엿기름, 싱싱한 가자미 등이 사용되었다.

上 : 준비재료―무, 고춧가루, 좁쌀, 찹쌀, 엿기름
下 : 가자미는 손바닥 크기 정도로 준비하여 내장을 빼내고 깨끗이 손질한 후 반나절 정도
　　통풍이 잘되는 그늘에 꾸들꾸들하게 말려준다.

上 : 가자미 생선을 다듬고 있는 권영숙 여사
下 : 꾸들꾸들해진 가자미는 먹기 좋게 한입 크기로 자른다.

上 : 한입크기로 자른 가자미에 비린내를 잡아 주기 위해 청주를 부어준다.
下 : 무채를 준비하고 있는 권영숙 여사

上 : 세척한 무를 채칼이 아닌 손으로 조금 굵고 길쭉길쭉하게 채를 썰어준다.
下 : 채 썬 무를 청주에 잠시 담가둔다.

上 : 다진마늘, 멸치액젓, 다진생강, 손질된 통마늘, 고춧가루, 참깨, 청량고추, 손질된 가자미, 채 썬 무,
　　그리고 준비된 찹쌀로 고두밥을 지어 식혀준다. 좁쌀도 조밥을 지어 식혀준다.
下 : 채 썬 무에 젓갈로 우선 간을 한다.

上 : 다진 생강을 넣는다.
下 : 다진 마늘을 넣는다.

上 : 고춧가루를 넣는다.
下 : 식혀두었던 조밥을 넣는다.

上 : 식혀두었던 찰밥을 넣는다.
下 : 미리 준비하여 우려 두었던 엿기름의 윗물만 부어준다.

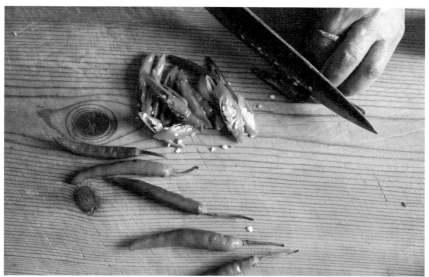

上 : 청량고추도 먹기 좋은 크기로 어슷하게 썰어 준비한다.
下 : 현재까지 준비된 모든 재료를 한꺼번에 잘 버무려준다.

上 : 잘 버무려진 재료들에다가 청주에 담가 놓았던 가자미를 넣어준다.
下 : 잘 버무려 준 재료들과 가자미를 잘 섞이게 한다.

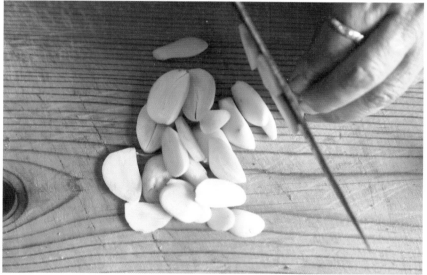

上 : 숙성을 위해 설탕을 넣어주면 가자미뼈가 물러지게 하는 데 도움을 준다.
下 : 식감을 위해 세척해둔 마늘도 편썰기를 하여 준비한다.

上 : 완성된 재료에 편으로 썰어낸 마늘을 넣어준다.
下 : 위에 올려둔 마늘은 따로 섞지 않고 용기에 그대로 담아두면 발효되는 과정에서 저절로 섞이게 된다.

上 : 완성된 가자미식해
下 : 가자미식해, 감주, 점주, 안동식혜 비교

특별한 쓰임새의
밥식해

시제 및 묘제에서의 밥식해

　동해안의 밥식해인 어식해는 생선과 쌀밥 고춧가루 마늘 생강을 숙성시켜 만들지만 안동 밥식해는 쌀밥에 엿기름을 부어서 만든 제사용 음식이다. 『주자가례朱子家禮』를 살펴보면, 해醯의 사례가 나오는데, 1600년대에 간행된 주자가례의 역주본인 『주자언해朱子諺解』에서는 '해'를 식해食醯로 번역하고 있다. 밥에 엿기름을 넣어 삭힌 밥식해는 전국의 반가를 중심으로 한 제례음식으로 광범위하게 분포되어 있다. 안동지역의 제례에서도 밥식해가 제사상에 올라가는 것을 흔히 볼 수 있다.

　안동지역에서 밥식해는 이름 있는 조상에게 올리는 제사음식이어서 일상생활에서는 거의 먹지 않은 음식이다. 밥식해는 일반 식혜와 달리 끓이지 않고 만든 음식이다. 쌀 밥 한 그릇에 엿기름물을 식기 뚜껑 1개 분량으로 부어놓고 삭히면 된다. 이 밥식해는 먹기 10시간 전쯤에 만들어 두어야 밥이 제대로 삭는다고 한다. 물기가 전혀 없어 음료의 성격이 없는 별식 형태의 밥이다.

달걀 지단을 올려 장식한 제사상에 차려진 밥식해의 모습

　그런데 예외적인 경우로 밥반찬으로서의 밥식해가 나타나기도 한다. 안동
문화권인 영양, 청송, 봉화 등지에서는 밥, 엿기름, 무, 소금, 마늘, 고춧가루
를 넣은 빡빡한 밥식해를 밥반찬으로 먹기도 했다. 동해안 지역의 어식해와
같은 형태이지만 생선이나 육류를 빼고, 국물이 없는 형태로 식해를 만들어
반찬처럼 먹은 것이다. 이런 밥식해에 물을 추가해서 음료의 성격을 더해 만
든 것이 안동식혜의 원류라고 보는 견해들도 있다.

묘제에서의 밥식해 차림(좌측 맨 앞 첫 번째 제물)

불천위 제례에서의 밥식해

안동식혜와 감주

식혜와 감주라는 용어는 지역에 따라 사용하는 어원이 달라 혼동이 되기도 한다. 감주 시연을 해준 죽헌고택(안동시 서후면 봉정사 입구) 이철규 주손 내외분에 따르면 "사람들이 일반적으로 식혜라고 말하는 것은 감주 형태의 식혜를 말한다. 비락을 비롯해 식품회사가 판매하는 식혜는 모두 이 감주형 식혜를 말한다. 하지만 안동지역에서 식혜는 빨간 안동식혜를 지칭하는 것이다. 일반적으로 사람들이 말하는 식혜를 안동지역에서 부르는 용어는 감주다. 감주는 대개 반가에서 서민음식으로 전파된 것으로 본다. 종가와 명문가의 음식에는 절대 고춧가루를 사용하지 않았다. 제례 음식은 물론 손님맞이하는 접빈 음식에 이르기까지 고춧가루가 들어간 빨간 안동식혜 대신 접주 혹은 감주를 내놓았다."는 것이다.

안동에서 식혜와 함께 먹고 있는 감주 제조법에 대해 살펴보자.

上 : 엿기름에 찬물을 조금씩 부어 가면서 치대 준다.
下 : 치댄 엿기름 찌꺼기는 체에 걸러 준다.

上 : 걸러낸 엿기름물을 그대로 두면 엿기름물과 앙금이 가라앉게 되는데 이때 위에 뜨는 맑은 윗물만
　　 사용한다.
下 : 찹쌀을 물에 잘 불려 준다.

上 : 잘 불린 찹쌀로 채반에 넣어 고두밥을 짓는다.

下 : 적절히 쪄낸 고두밥을 넓은 그릇에 담아 더운 김을 빼고 식혀준다. 식은 밥에 맑은 엿기름물을 넣고
섞어준다. 엿기름과 섞어준 찰밥을 보온밥통에 담고 7시간 정도 당화시켜주면 국물이 맑은 식혜가
된다.

上 : 당화가 되면 물에 뜨는 밥알을 체를 이용해 얼음물에 식혀 건져 따로 분리하는데, 안동에서는 제사를 지낼 때 쓰는 밥식해로 이때 걸러낸 밥알을 담아서 제사상에 올린다.

下 : 감주는 7시간 보온을 통해 당화 시키는 과정 대신 불에 엿기름물과 밥을 끓여 식혀 먹는 음료를 감주라 했으니 안동지역에서 말하는 감주는 시간과 정성이 많이 들어간 음료이다.

일반적으로 우리가 식혜라고 하는 것은 식혜, 식해, 감주의 세 종류를 포괄하여 지칭하는 말로 쓰이고 있다. 그중 식해食醢는 생선에 약간의 소금과 밥을 섞어 숙성시킨 '생선젓'을 말하는데 전라도 잔칫상에 홍어가 올라간다면 동해안의 잔칫상에는 바로 이 식해가 올라가야 제대로 음식을 대접했다고 인정받을 수 있다. 반면 식혜食醯는 우리나라 전통 음료의 하나로서 엿기름을 우린 웃물에 쌀밥을 말아 독에 넣어 더운 방에 삭히면 밥알이 뜨는데, 거기에 설탕을 넣고 차게 식혀 먹는 음료의 성격이 강하다. 감주甘酒는 엿기름을 우린 물에 밥알을 넣어 식혜처럼 삭혀서 끓인 다음 식혀서 먹는데 서울 사람들은 이것을 '단술'이라고도 부른다.

그에 반해 점주는 만드는 방식에서는 감주와 별반 차이가 없지만 오로지 찹쌀만 사용한다는 점에서 감주보다는 좀 더 품격 있는 반가 음식이란 인식이 강하다. 안동시 서후면의 경당고택에서 나고 자란 정부인 안동장씨가 지은 『음식디미방』에 〈점감주粘甘酒〉가 소개되어 있다. "찹쌀 두 되로 무르게 밥을 지어 묵은 누룩 가늘게 쳐서 너 홉 섞어 더운 데 덮어두고 자주 보아 거품이

45

우복 정경세 종가의 이준규(75) 14대 종부가 점주상을 내놓고 있다.

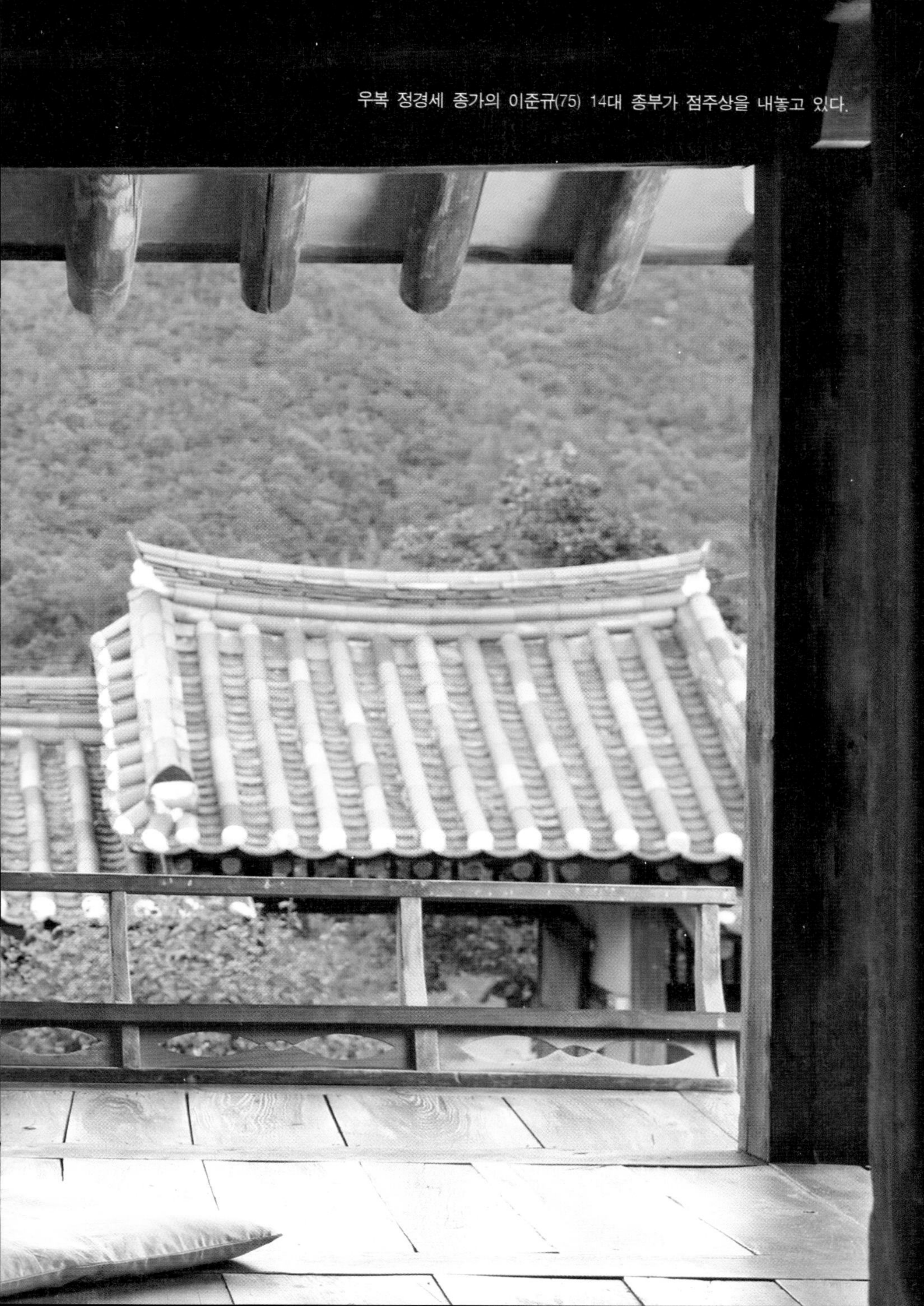

일면 내어 식히면 꿀 같으니라."라고 되어 있다.

『음식디미방』을 주해한 경북대의 백두현 교수는 점감주를 단술이라 했다. 안동 출신 작가 김서령은 '안동 장씨 400년 명가 만들다'라는 소설에서 점감주를 점주로 묘사하며 이렇게 말하고 있다. "점감주는 엿기름에 멥쌀 대신 찹쌀을 넣고 발효시켜 감주보다 점성과 단맛이 많은 음료다. 귀한 손님이 왔을 때 내놓은 음식이다. 감주가 나오면 평범한 손님이고, 점감주가 나오면 귀빈인 것이다." 결국 좀 더 손이 가는 정성을 담은 음식이 보다 귀한 손님을 위한 접대용 음식이라는 점을 강조한 표현이라 하겠다.

반가의 점주

점주는 과일이나 떡 한과와 함께 내놓으면 간식으로도 제격이다. 하지만 요즘처럼 먹을 것이 많은 시대에는 그 자체로도 충분하게 한 끼의 식사대용으로 충분해 보인다. 이준규(75) 우복 종가 14대 종부의 종녀인 정순임씨는 점주에 대해 "당화가 되면 밥알은 위에 뜨게 되는데 물에 뜨는 밥알을 체를 이용해 건져내어 얼음물에 식혀 따로 분리한다. 먹을 때는 이때 분리한 식혜물에 분리한 밥알을 같이 그릇에 내게 되는데 이것을 점주"라고 한다는 것이다.

점주와 함께 준비한 다과상

안동식혜가 안동지역에서 만들어지고 지역 보편적인 음식으로 자리 잡게 된 데에는 지역에서 생산되는 식재료의 뒷받침이 크다고 볼 수 있다. 안동식혜의 주재료인 무, 생강, 고춧가루 등은 현재까지도 안동이 자랑하는 특산물일 정도로 생산되고 유통되어 왔음을 주목할 필요가 있다. 즉 이러한 재료의 뒷받침이 없었다면 현재와 같은 안동식혜는 탄생하기 어려웠을 것이란 이야기이다. 지역에서 나는 재료로 만든 음식이어야 진정한 향토음식이 될 수 있다는 주장처럼, 안동식혜는 지역의 지리생태적 특성에 기반해서 품질 좋은 토산물로 생산되는 재료를 가지고 만들어진 진정한 향토음식이라고 할 수 있다.

풍산들에서 생산되는 풍산무

안동식혜의 주재료인 '풍산무'의 명성은 일제강점기에도 자자했다고 한다. 서양무가 도입된 후 재래종이 서서히 사라지고 있지만 일제강점기에도 풍산들판에서 자란 조선무는 11월 수확철이 되면 전국 곳곳의 도매상들이 풍산으로 몰려와 장사진을 이루며 수매를 해가곤 했다. 그만큼 풍산들에서 생산되는 무의 품질이 우수했음을 알 수 있으며, 안동지역의 풍토와 사람들의 입맛에도 맞아 특산물로 생산되어 왔음을 확인할 수 있는 것이다.

무는 삼국시대부터 재배되기 시작하여 고려시대에는 중요 채소로 취급이 되었고 지금도 우리의 밥상머리에 없어서는 안 되는 음식으로 자리하고 있다. 이 때문에 우리나라 채소 중 재배면적이 가장 커 5만ha에 달하고 연간 생산량도 220만 톤에 이르고 있다.

안동식혜 = 무식혜

지금 김치라고 하는 것도 전통적 측면에서 보면 무김치를 말하는 것인데

현재 풍산김치가 전국 최고의 명성을 자랑하는 것도 풍산들의 무와 배추를 주재료로 하고 있기 때문이다. 사질토양의 풍산들판은 비가 와도 물이 잘 빠져 무와 배추의 재배환경으로서 최적의 조건을 갖추고 있다. 이 때문에 일제 강점기 때 큼직한 일본무가 보급되었지만 재래종인 풍산무는 진주 대평무처럼 오히려 재배지의 명칭을 붙여 풍산무라는 하나의 품종으로 분류가 될 만큼 경쟁력을 인정받았다. 또한 안동식혜의 별칭이 무식혜인 것도 풍산무의 명성에서 기인된 바가 크다고 볼 수 있다.

풍천과 풍산의 안동 명품 생강

풍천, 풍산 지역의 사질토에서 생산되는 안동 생강은 타 지역보다 단위 면적당 소출이 20% 가량 높아 생산량에서 전국 1위를 차지하고 있다. 안동은 생강의 주산지이기도 한데, 생강은 소화액의 분비를 자극하고 장운동을 촉진

上 : 방금 캐낸 안동 생강의 모습
下 : 묵은 생강과 새로 수확한 생강의 모습

시키며 구역질과 설사를 치료하는 데 탁월한 효과가 있다고 한다. 안동생강은 현재 명품 사업화를 통해 각종 병원성 균에 강한 살균작용을 하는 '진저롤'과 '쇼가올'의 함유량 또한 풍부해 안동식혜의 재료만이 아니라 한방과 식재료 등 다양한 용도로 활용되고 있다.

전국 최대 고추 주산지 안동

안동식혜를 흔히 빨간 식혜라고 부르는 것은 고춧가루 혹은 고춧가루 물이 들어가기 때문이다. 고추는 임진왜란 이후에 전래가 된 것으로 알려져 있고, 일반적 식용은 그보단 훨씬 후에 이뤄진 점을 감안한다면 안동식혜는 고춧가루가 상용화되기 시작한 18세기 중엽에 식용이 시작된 것으로 보인다.

식혜의 주 재료인 무와 생강도 그렇지만 고춧가루 또한 태백산맥과 소백산 맥으로 둘러싸인 산악지대라는 지리환경적 요인과 밀접한 관련을 맺고 있다. 평지가 적다보니 안동 고추는 안동 지역의 거의 모든 읍면에서 골고루 재배되고 있으며, 약 6,834톤을 생산하고 있다. 이는 전국 물동량의 70% 이상이다.

건 고추시장도 안동이 주도

말린 고추와 고춧가루 시장도 안동이 주도하고 있다. 2007년 전국 최초로 '안동고추유통센터'가 들어서고 난 후 건 고추 경매가 이곳에서 이뤄지고 있

上 : 남안동농협 고춧가루 제조 공정
下 : 남안동농협에서 생산하는 고춧가루

최상, 최고 품질의 안동 고춧가루로 만들어야
제 맛과 제 빛깔의 안동식혜가 탄생할 수 있다.

다. 마른고추의 상장 경매는 고추가격의 주도적 형성은 물론 농가 소득에도 도움을 주고 있다. 대형식품업체인 순창, 청정원, 대상, CJ가 모두 안동에서 건 고추를 구매해 가고 있으며, 출하지역도 기존의 안동, 영주, 봉화, 예천, 의성, 영양, 청송, 영덕, 문경, 상주의 경북 북부지역은 물론 충청도와 경남에서까지 물량이 들어오고 있다.

고춧가루 시장도 비슷한 경향을 보이고 있다. 남안동농협이 운영하는 고춧가루 공장은 안동지역 농가와 계약재배를 통해 안정적 물량을 확보하고 있다. 해썹(HACCP-유해요소 중점 관리기준) 공장으로 지정된 이곳의 고춧가루는 잘게 자른 마른고추를 '세척 - 이물질 선별 - 건조 - 고추피와 고추씨 분리 - 분쇄 - 자외선 살균 - 포장'에 이르기까지 식품의약품안전처 해썹이 정한 20개의 공정을 거쳐 명품 안동고춧가루로 재탄생한다.

특히 오존세척 과정과 60% 정도의 저온 건조 방식으로 붉은 고추 본래의 영양소를 그대로 살려내는 공법은 미국양념무역협회(ASTA)가 규정한 고춧가루 색상지수에서도 일반 고춧가루 평균 80보다 훨씬 높은 100 이상의 색상을 나타내고 있다. 이 밖에도 수분함량이 13% 이하인 반면 비타민 C는 100mg 이상이고 고추씨 혼입율 또한 15% 이하여서 고춧가루 시장에서 최고의 품질로 인정받고 있다.

안동식혜
만드는 법

안동식혜는 멥쌀이나 찹쌀을 무와 고춧가루, 생강 등의 향신료와 엿기름물에 버무려 3~4시간 발효 시킨 뒤 재빨리 냉온에서 식혀 하루 동안 숙성시킨 음료이다. 안동식혜는 전국에서도 안동문화권에서만 전해지는 대표적인 향토음식이다. 일반적으로 식혜라 불리는 음료와 구분하기 위하여 안동식혜라 불리고 있다. 맛이 시원하면서도 맵고 칼칼하며 소화에 도움을 주기 때문에 잔치음식은 물론 식후 입가심용으로 먹기도 한다.

안동식혜 제조방법은 하회마을 서애 류성룡 종가의 이혜영 종부가 직접 담그는 모습을 카메라에 담았다. 그러나 이 과정에서 실은 말 못할 사정 때문에 종부가 몇 번 안동식혜 만드는 것을 주저하며 머뭇거렸다. 종부의 말인즉 친정에서는 안동식혜를 해먹었으나 시집와서는 시댁에서 일체 안동식혜를 먹지 않아 그동안 담그지 않았다는 것이다. 그러면서 종부가 해주는 말이 감동이었다. 종부는 "자신이 주저하며 머뭇거린 것이 선고先考에 대한 예의라면 오늘 종부로서 안동식혜를 담그는 것은 시대정신을 담아낸 것"이라고 하였다. 자신의 조상은 다름 아니라 신분의 격차가 엄연한 고려조에도 하회별신굿을 통해 양반을 마음껏 조롱하는 것을 허용했던 통유通儒고 너그러운 양반의 상징인 까닭에 자신이 오늘 선대가 먹지 않았던 안동식혜를 담그는 것 또한, 크게 보면 조상들의 뜻을 거스르는 것은 아니라는 것이다.

종부의 말대로 안동에서는 안동식혜의 식음 여부조차 문화사적인 담론의 대상이 되고 있다. 풍산류씨 서애종가와 의성김씨 벽계선생 댁, 풍산김씨 학호종가에서는 아직도 안동식혜가 반가의 음식이 아니라는 이유 때문에 먹지를 않지만, 의성김씨 지촌종가, 경당 장흥효 종가, 학봉 김성일 종가, 홍해배씨 임연재 종가, 광산김씨 긍구당 고택, 청주정씨 종가, 의성김씨 운암종가, 예천권씨 종가 등에서는 이런 사실에 관계없이 안동식혜를 먹고 있다. 이날 음식사에 관해 종부의 여러 귀한 이야기를 함께 들을 수 있었는데, 아래의 '조선무쌍신식요리제법'에 소개된 엿기름 만드는 법도 그 중 하나였다.

"엿기름은 가을보리를 최고로 쳐 이삼월이나 구시월에 가루를 내어 사용했다. 흰 엿을 만들려면 팔월 순旬에 동이에 밀을 물에 담갔다가 물을 따라 버리고 볕에 쬐어 하루에 한 번씩 물을 주면 뿌리가 난다. 이것을 돗다리에 두 치 두께쯤 되게 펴놓고 하루에 한 번씩 물을 주어 싹이 다 나면 헤쳐 말리되, 덩이지지 않게 해야 한다. 검은 엿을 만들려면 싹이 푸르게 나서 덩이가 된 후에 칼로 긁어서 말렸다가 곤다. 조와 기장과 벼와 보리는 다 싹을 내어 쓸 수 있으므로 물에 담가 불으면 건져 싹을 내어 볕에 말려 둔다. 가을보리는 이삼월이나 구시월에 말려두고 봄보리나 밀로는 싹을 내어 쓰기도 하지만 가을보리만 못하다. 엿기름은 좁쌀로 만들어도 달다."

안동식혜 만드는 방법

찹쌀이나 멥쌀을 물에 12시간 이상 불려 깨끗이 씻은 뒤 찜통에 쪄내어 고두밥을 한다. 밥이 다 되면 통풍이 잘 되는 곳에 넓게 펴 김을 빼고 식힌다.

엿기름을 넣고 싼 베보자기에 물을 조금씩 부어가며 치대어 엿기름물을 낸 다음 3~4시간 정도 가라앉힌다.

무는 깨끗하게 씻어 채를 썰거나 정사각형으로 작고 얇게 깍둑썰기 하여 찬물에 살짝 담갔다 건진다. 생강은 껍질을 벗기고 갈아서 즙을 짜둔다. 엿기름이 가라앉고 나면 찌꺼기는 버리고, 위쪽의 맑은 물만 떠서 살짝 데운다. 이 물에 고춧가루를 담은 고운 베보자기를 넣고 치대어 붉은색을 낸 뒤 생강즙을 넣어 섞어둔다.

항아리에 미리 썰어둔 무와 한 김 식힌 고두밥을 넣고 엿기름물을 부어 잘 섞어 밀봉한다. 항아리를 담요에 싸서 따뜻한 곳에 두고 3~5시간 정도 삭힌 뒤 재빨리 저온에서 식혀 하루 동안 숙성시키면 안동식혜가 완성된다. 이렇게 완성된 안동식혜에 취향에 따라 설탕 등의 감미료를 적당히 넣어 간을 맞추고 그 위에 잣, 볶은 땅콩, 채 썬 밤이나 고구마 등 고명을 띄워 먹는다.

녹전면 지역에서는 조금 색다른 제조방법이 나타나는데, 당근과 배 등을 첨가하는 방식이다. 제조방법을 살펴보자.

① 찹쌀을 불린 후, 밥을 짓는다.
② 엿기름가루를 물에 풀어 가라앉혀놓는다.
③ 당근과 무는 작게 깍둑썰고, 생강을 곱게 다진다.
④ 큰 그릇에 밥을 담고 가라앉힌 엿기름의 윗물을 붓는다.
⑤ 고춧가루를 망에 넣고 ④에 풀어준다.
⑥ 준비한 다진 생강과 썬 무와 당근을 넣는다.
⑦ 잘 저어서 용기에 넣어 실온에 두었다가 쌀알이 뜨기 시작하면 김치냉장고에 넣는다.
⑧ 3일정도 숙성시킨 뒤 먹기 직전에 설탕을 넣어 먹는다.
* 기호에 따라 땅콩을 잘게 부숴 넣거나 배를 썰어서 넣어 먹는다.

가정식 안동식혜

위 제조방법은 일반 가정식 안동식혜로 녹전면 류○○씨의 조리법이다. 전통적인 제조방법과 약간의 차이점이 보인다. 류씨는 무와 당근을 같이 넣어서 제조하였고, 고춧가루를 곱게 갈아서 넣는 것이 아닌 망에 넣고 풀어 고춧가루 물만 사용하였다. 또한 무의 뿌리 부분은 매운맛 때문에 잘 쓰지 않는다고 한다.

류씨는 시판하는 안동식혜가 일반 공정과정에서 나타나는 번거로움을 최소화한 반면 가정식은 여전히 손이 많이 간다고 하였다. 현재 시판되고 있는 '김유조 안동식혜'는 그러한 번거로움을 기계를 통해 간소화시켰다. 또한 가정마다 제조방법에 따른 정량이 다르지만 '김유조 안동식혜'는 정확한 레시피를 통해서 제작하고 있다. 그리고 안동식혜의 대중화를 위해 식혜의 매운맛을 감소시키고 당도를 높였다. 또한 류씨는 안동식혜를 생일이나 큰 모임, 명절 때 특별식으로 무조건 식혜를 대접했다고 강조한다.

"(식혜를 주로 언제 먹습니까?) 생일이나 큰 모임, 명절 때는 무조건 식혜 했지. 손이 많이 가가 그때 아니면 잘 못했지."

류○○씨 면담자료

안동식혜는 본질적으로 장기보존이 어려운 발효음식이기 때문에 냉장시설이 없던 시대에는 겨울에만 즐길 수 있었다. 특히 즐겨 먹던 시기는 설과 대보름을 전후한 시점이었다. 추운 겨울에 안동식혜를 간식으로 먹으며 이야기를 하는 것이 일반적이었다. 안동식혜는 겨울철 별난 먹거리의 상징이자 대표적인 간식이었다. 안동사람들은 그냥 식혜라고 불렀지 안동식혜라고 부른 적이 없고, 단술 혹은 감주와는 확연히 구분되었다.

그런데 안동지역 종가와 명문가에서 전승되는 개성 있는 음식에는 모두 고춧가루가 들어가지 않았다. 또한 안동 장씨가 1670년경 저술한 『음식디미방』

을 보면 고추나 고춧가루를 이용한 음식은 찾아볼 수 없다. 따라서 안동식혜의 발생 시기는 음식의 특성에서 보이는 고춧가루의 사용이 일반화되기 시작한 18세기 후반 이후로 추측된다. 이를 통해 볼 때 안동지역에 전승되는 양반가 음식의 전형성을 띤 음식과 안동식혜는 거리가 있다. 이러한 안동식혜의 특성 때문에 일부 안동사람들은 안동식혜를 아전음식, 부내(시내)음식으로 규정한다.

위 사례를 통해보면 안동식혜는 단순히 아전음식이 아닌 일반사람들에게 손님을 대접할 때 사용하는 귀한 음식이라고도 볼 수 있다. 그러나 아전들의 음식이 화려했다는 것과 구전정보에 따르면 안동의 아전들이 안동식혜를 발명했을 가능성도 전혀 배제할 수 없다. 아전들이 각종 행사나 상관접대와 관련하여 새로운 형태의 음식을 만들 수 있는 집단이라는 가능성을 드러낸다.

이는 안동식혜가 '읍내(邑內)음식'이며 '접대음식'이라는 것을 단편적으로 보여준다. 읍내음식이라는 근거는 옛 안동 읍성 안에 살던 사람들이 만들어 먹던 것이 읍성 밖의 마을로, 인근 시군으로 확산과정에 있다는 점이다. 따라서 안동식혜는 18세기 후반 이후 안동 읍내 사람들이 만들어서 먹던 것이 차츰 읍성 밖의 지역으로 확산되면서, 서민층과 양반층으로 수용된 음식이라고 볼 수 있다. 다만 이러한 인식이 어떻게 생겨났는지에 대해서는 아직 세세하게 연구되지 않았고, 미루어 짐작하여 추측할 뿐이다.

도산이씨 집안에서는 찹쌀가루로 풀을 쑨 것에 엿기름물을 넣고 노란 즙액이 되도록 삭힌 뒤, 이것을 거른 즙을 밑식혜로 하여 안동식혜를 담기도 하였다. 또한 멥쌀이나 찹쌀 대신 수수나 조 등의 잡곡을 이용하기도 하였다. 요즘은 안동식혜를 만드는 방식이 간편화되어 쌀을 대여섯 시간만 불리기도 한다. 또한 쪄내는 고두밥 대신 밥솥에 밥을 하기도 하며, 전기밥솥을 이용하여 안동식혜를 숙성시키기도 한다. 또한 무와 함께 당근을 썰어 넣어 더욱 화려한 색감을 내기도 한다.

미리 준비해둔 엿기름

엿기름에 물을 붓고 치대 준다. 엿기름물을 우려내고 찌꺼기는 가라앉힌다.

上 : 치댄 엿기름 찌꺼기는 체에 걸러둔다.
下 : 걸러낸 엿기름물을 그대로 두면 엿기름물과 앙금이 가라앉게 되는데, 이때 위에 뜨는 맑은 윗물만
　　사용한다.

찹쌀은 미리 물을 부어두어 불려 놓는다.

上 : 미리 불려놓은 찹쌀을 채반위에 올려 증기로 밥을 짓는다.
下 : 찰밥이 다 지어 지면 뜨거운 김이 나가도록 잘 저어준다.

上 : 고춧가루, 다진 생강, 잣과 밤을 미리 준비한다.
下 : 무를 먹기 좋게 작은 크기 정사각(정육면체) 형태로 썰어준다

上 : 밤은 길게 채를 친다.
下 : 안동식혜에 들어갈 다섯 가지 재료 준비

上 : 미리 지어 놓은 찰밥을 충분히 식혀준다.
下 : 충분히 식혀 놓은 밥을 넓은 그릇에 옮겨 담는다.

74

上 : 준비된 찰밥에 미리 썰어 놓은 무를 먼저 넣어준다.
下 : 다음으로 채 썬 밤도 넣어준다.

上 : 아주 곱게 분쇄한 고춧가루를 넣는다.
下 : 미리 다져 놓은 생강을 천 주머니에 넣는다.

上 : 다진 생강을 담은 주머니를 짜서 생강즙을 뿌려준다.
下 : 앞서 준비된 모든 재료를 함께 섞어 버무린다.

上 : 모든 재료를 버무리는 모습
下 : 엿기름물은 가라앉은 앙금과 윗물이 분리되도록 충분한 시간을 기다려준다.

上 : 골고루 섞어준 재료에 준비된 엿기름의 윗물만을 사용하여 부어준다.
下 : 엿기름이 들어간 재료를 골고루 섞어준다.

上 : 취향에 따라 설탕을 적당량 넣어 당도를 조절한다.
下 : 설탕까지 넣은 재료를 충분히 섞어주어 항아리에 넣어둔다. 이후 아랫목에 두고 1~2일 정도 발효시킨
    후 식히면 안동식혜가 완성된다.

취향에 따라 먹을 때 잣이나 땅콩을 고명으로 올려준다.

안동식혜의
대중화와 산업화

안동댐 50년 전통 헛제사밥집의 안동식혜

안동의 전통음식을 판매하는 음식점에서는 대부분 후식으로 안동식혜를 내놓는다. 안동식혜가 음식 전문가들로부터 주목받는 이유는 우리나라에서 유일한 식해형 김치이기 때문이다. 다른 지방의 식해가 육류나 젓갈, 생선을 사용하는데 반해 안동식혜는 고춧가루, 생강, 무 등의 채소류가 주요 재료이다. 안동식혜는 엿기름을 우린 물에 찐 찹쌀을 넣고 고춧가루, 무, 생강을 넣어 숙성시킨 음청류이다.

안동문화권 사람이라면 어릴 적 친구 집에서 놀다가 밤늦은 시간 얼음이 동동 떠 있는 식혜를 먹어본 기억을 간직하고 있을 만큼 겨울철 별미였다. 안동식혜는 주로 청송, 영양, 영주, 봉화, 의성, 예천 등 경북 북부지역에 분포하는 대표적인 향토 음식인데 일반적으로 감주라고 불리는 식혜와 구분하기 위하여 음식 연구가들은 고춧가루가 들어간 빨간 식혜를 안동식혜라고 부른다.

오늘날 안동식혜는 안동을 대표하는 음식으로 널리 알려져 있지만, 다른 지역 사람은 맛이나 형태에 대해서 모르는 경우가 많다. 때문에 전통음식점에서 후식으로 안동식혜를 제공하면 그 특이한 모양과 맛에 당황하여 먹지 못하는 사람이 부지기수다. 맵고 강한 생강과 무의 맛, 붉은색, 빡빡한 식감 때문에 마치 반찬을 섞어 놓은 것 같다며 거부감을 일으키는 사람도 많다.

요즈음 안동식혜는 안동을 대표하는 먹을거리로서 예부터 널리 먹어온 것처럼 알려져 있다. 안동식혜가 안동지역 고유의 음식인 것은 사실이지만, 실제로 안동지역에서 보편적으로 즐겨 먹었던 음식은 아니다. 이는 안동의 대표적인 전통마을인 하회마을에 사는 60~70대 할머니들의 증언을 통해서 알 수 있다.

할머니들이 젊었을 때는 안동식혜를 실제로 먹어본 적이 없다고 한다. 가끔 집안의 어른이 읍내 부잣집의 큰 잔치에나 가시면 잡수셨다는 이야기를 들어봤을 뿐이다. 다른 지역에서도 비슷한 이야기를 들을 수 있는데, 잔치음식으로는 안동식혜 대신 점주나 감주를 보편적으로 사용하였고, 안동식혜는 그저 그런 것이 있다고 들어봤을 뿐이라는 것이다. 이로 미루어보아 안동식혜는 안동의 보편적인 음식이 아니라 지역의 중심부에 거주하던 중산층 사람들이 먹었던 특별 음식이었던 것으로 볼 수 있다.

안동식혜를 일반 가정에서 쉽게 먹을 수 없었던 것은 점주나 감주에 비해 만드는 과정이 복잡하고 비용이 많이 들었기 때문이다. 특히 고춧가루나 생강, 마늘 등은 대량 재배되기 전까지는 비싼 재료에 속했기 때문에 서민 가정은 물론 양반이더라도 가세가 흥하지 않은 집안에서는 선뜻 사용하기 어려웠을 것이다.

안동식혜의 주요 유통경로 중 하나인 안동댐 관광지내 헛제사밥 음식점은 안동의 향토음식으로서 헛제사밥과 안동간고등어, 안동식혜 등을 한번에 맛볼 수 있는 명소가 되었다. 본래 헛제삿밥은 일종의 비빔밥인데, 안동문화권

에서 발달하고 현재까지 전통을 잇고 있는 제사문화를 잘 보여준다. 즉 제사를 지내지 않고서도 제사를 지낸 것과 똑같이 음식을 만들어 음복飮福 하듯이 먹는 음식인 것이다. 결국 헛제삿밥이란 그 이름에서도 알 수 있듯이 가짜 제삿밥이다.

헛제삿밥을 먹는 것은 이 음복문화의 전통을 향토음식으로 향유하는 문화행위라 할 수 있다. 이때 찬류와 밥을 섞어 간장에 비벼 먹기 때문에 비빔밥인 것이다. 이는 실제로 안동지역 불천위 제사 후 음복 때 먹는 방식이기도 한데, 불천위 제례에는 문중성원뿐만 아니라 타문중에서 손님도 많이 오기 때문에 제례음식을 한데 모아 비벼서 나누어먹는 음복문화가 이어지고 있다.

헛제삿밥의 상차림에 올라가는 음식은 실제 제사에 쓰이는 제수음식과 거의 똑같다. 제사음식이기 때문에 고춧가루나 마늘 등과 같은 자극적인 양념은 쓰지 않으며, 소금·국간장·깨소금·참기름 등만을 사용한다. 이러한 제사 음복문화가 지역을 알리는 상품으로 부각되어 안동을 찾는 많은 관광객들에게 소비되고 있는 것이다.

결국 헛제삿밥이라는 메뉴는 유교와 양반의 고장, 제사문화의 보고라는 안동의 이미지와 부합되어 관광객들에게 선명한 인상을 남기게 되었고, 오늘날 가장 널리 알려진 향토음식 중 하나가 되었다. 이러한 유명세와 더불어 헛제삿밥은 더욱 고급화·현대화가 이루어지고 있다. 안동댐 관광지 전문 음식점 등에서는 전통적인 놋그릇을 사용하여 음식을 담아냄으로써 고급화를 꾀하고 있다. 또한 고급화와 함께 안동식혜, 안동소주, 안동간고등어 등 안동의 음식문화를 두루 체험해볼 수 있는 장점을 확보하고 있는 것으로 보인다.

간식이자 해장음식으로서 안동식혜

　냉장시설이 발달하지 못했던 시절에 안동식혜는 겨울철 별미 음식으로 한정되었다. 하지만 요즘처럼 냉장고가 일반화된 이후로는 사시사철 언제나 먹을 수 있는 음식이 되었다. 특히 무더운 여름철 시원한 안동식혜는 점심이나 저녁 전후의 간식으로도 인기가 높아졌다. '김유조 안동식혜'라는 브랜드가 설립된 후부터는 대형 마트 등에서 손쉽게 신선한 안동식혜를 구입할 수 있게 되었고, 이러한 브랜드화에 힘입어 여러 음식점이나 개인집에서도 새삼 안동식혜를 만들어 대접하고 일상음식으로 먹는 사례가 점점 많아지고 있음을 알 수 있다.

　안동식혜는 전통적으로 각종 잔치 등의 의례 때와 동절기 저녁 밤참으로 주로 활용되었지만 최근 들어서는 계절이나 시간에 상관없이 손쉽게 먹을 수 있는 간식으로 사용되고 있다. 또한 40-50대 청장년들의 숙취 해소를 위한 해장용으로도 각광받았다고 안동문화권 토박이들은 전한다. 즉 안동식혜의 칼칼한 시원함이 숙취를 없애는 데 큰 장점이 있다고 여기는 것이다.

안동식혜의 대중화

　각 지역의 음식이 그 지방 고유의 생태 지리적 영향을 받은 것을 부인할 수 없지만 교통이 발달한 후로는 이러한 영향이 차츰 줄어들고 있다. 음식사 측면에서 본다면 음식은 교류의 역사다. 왕가의 음식이 반가에 전파되고 반가의 음식은 다시 서민음식으로 자리를 잡았다. 반대의 예도 허다했다. 안동식혜처럼 중인들이 고을 원님의 음식상에 올리려고 개발한 음식이 반가에 유입되고 시간이 흐르면서 이것은 다시 서민음식으로 정착이 되어갔다.

　아래의 사진처럼 안동 짚풀공예회원들이 점심 전 간식으로 안동식혜를 먹

고 있을 만큼 경북 북부지역에 살고 있거나 안동에 놀러와 음식을 먹어본 이라면 이제는 누구나 한번쯤 빨간 안동식혜를 먹어보았을 만큼 대중화의 길로 들어서고 있다.

안동식혜를 처음 접하는 사람들은 맛을 보았을 때 거부감이 먼저 들기도 한다. 이를 타파하기 위해 '김유조 안동식혜'는 기존의 안동식혜의 매운맛을 감소시키고 식혜음청류의 상품화연구 개발을 거듭한 끝에 제품 표준화에 따른 대량생산시스템이 가능해졌다. 또한 안동식혜 영농조합법인을 설립하였다. '김유조 안동식혜'는 처음에 국수집으로 시작하여 후식으로 제공하다 2001년부터 본격적으로 안동식혜를 판매하기 시작하였다. 2004년부터 상품화를 위한 연구개발을 시작하였고, 2008년 안동식혜 회사를 설립하였다. 2012년 안동식혜 신공장 준공을 기점으로 공장체험을 실시하고 있다. 공장체험에는 안동식혜 공정과정을 견학하고 직접 안동식혜를 만들어보고 직접 만든 것을 들고 가는 체험을 실시하고 있다. 또한 온라인으로는 이벤트나 안동식혜를 직접 체험해볼 수 있는 블로그 체험단을 선정해서 홍보하고 있다. 또한 매장을 설치하고 이마트, 파머스마켓 등과 협약을 맺어 판매하고 있다. 또한 안동 전통음식점에서 디저트로 안동식혜를 제공하여 안동향토음식을 통해 안동식혜를 알리고자 노력하고 있다.

'김유조 안동식혜'도 그랬듯이 가장 손쉽게 접근할 수 있는 것이 안동의 향토음식을 통한 홍보이다. 월영교에 위치한 안동 '헛제사밥'이나 '까치구멍집'에서도 식사를 시키면 안동식혜를 제공한다. 가게에 따라 식혜의 요금을 추가로 받는 곳도 있다. 헛제사밥을 판매하는 곳의 손님은 관광객이 대부분을 차지하기 때문에 안동의 향토음식인 안동식혜를 처음 접하는 사람들이 많다. 후식으로 제공되어 한 곳에서 두 가지의 향토음식을 접할 수 있도록 한 것이다.

제조공정의 확립

현재 안동식혜를 유통하는 업체 중 가장 크게 유통망이 넓게 형성된 업체는 '김유조 안동식혜'이다. 2008년부터 안동식혜 사업을 추진하여서 현재 안동대학교 근처에 공장을 짓고 제조하여 판매하고 있다. 공장에서 대량생산하는 과정에서 발생하는 모든 공정의 기계화가 이루어짐으로써 일관된 맛과 신선도를 유지하는 것이다.

'김유조 안동식혜'의 생산과정은 전통식 생산과정과 동일하다. 단지 밥을 찌는 시설과 엿기름물을 만드는 시설 등 생산 공정이 기계화되어있고, 원재료의 저장창고와 발효창고, 완제품 보관창고가 모두 냉장, 냉동 시설로 되어 있다.

그렇지만 '맛'이라는 점에서 안동식혜는 현대인의 입맛에 맞게 변화를 가져오게 된다. 사실 안동식혜의 가장 큰 문제점이 이 맛이다. 요즘 사람들의 생각에 식혜란 흔히 일컫는 '감주'만을 떠올리는 사람들이 많다. 때문에 현대인에게 안동식혜의 맛은 생소하게 느껴질 수 있다. 또한 전통식 안동식혜는 매운맛이 더욱 강했고 엿기름을 걸러내지 않은 그 뻑뻑한 맛이 남아있었다. 이러한 점은 중장년층에게는 '집에서 먹는 그리운 맛'이겠지만, 그 자녀들에게는 '맛없는' 것으로 인식되었다. 김유조 안동식혜에서는 안동식혜의 대중화를 위해 이러한 젊은 세대의 입맛에도 맞을 수 있도록 매운 맛을 줄이고 뻑뻑하지 않게 맛을 조절하였다. 그리고 안동식혜에 들어가는 무같은 경우도 채를 썰던 본래의 방식에서 깍뚝썰기를 하여 먹기에 더욱 편하게 만들었다.

음식의 상품화에 있어 맛은 상당히 중요한 부분을 차지하고 있지만 그것만큼이나 중요한 것이 홍보이다. 현재 안동식혜의 홍보는 대형 마트에서 판매와 동시에 이뤄지는 홍보의 효과와 입소문에 의존하고 있는 것이 현실이다. 그렇지만 푸드코리아와 같은 음식 박람회의 출품을 통한 홍보도 얼마

전 이루어졌고 또한 투어버스를 통해 관광 코스 중 하나로서 안동식혜의 홍보를 추진 중이며, 인터넷 쇼핑몰의 운영을 통한 온라인 홍보도 현재 진행 중이다.

이러한 '김유조 안동식혜'의 노력으로 현재 경북 북부지역의 농협 하나로 마트, 파머스 마켓을 비롯하여 중앙고속도로 휴게소 6개소, 이마트, 특산품 매장, 개인 식당 그리고 인터넷 쇼핑몰을 통한 개인 판매까지 안동식혜는 그 유통망을 넓혀왔다. 이와 함께 '김유조 안동식혜' 역시 다양한 변화를 통해 발전하려는 모습을 보이고 있다.

첫 번째로 안동식혜와 함께 여러 품종을 개발하여 브랜드 내의 다양화를 모색하고 있다. 현재 개발 중인 제품으로 마식혜, 단호박식혜, 보리식혜, 대추감주, 안동식혜 식초 등이 있다. 이를 통해 감주 형태의 제품도 선보이게 되면서 젊은 세대와 함께 기존의 중장년층의 입맛을 사로잡겠다는 목적이다.

두 번째로 체험을 통한 지역민과의 교류이다. 앞서 얘기한 투어버스 운행이 중심적으로 운영되고, 현재 신설 중인 공장에서는 지역민을 위한 체험 공간을 준비하고 있다. 이를 통해 안동식혜를 직접 만들어보고 먹을 수 있게 하고, 체험만이 아닌 지역민의 문화 공간으로서 활용하겠다는 의견을 밝혔다. 또한 안동대 식품영양학과와 협력하여 안동대 안에서도 안동식혜를 체험할 수 있는 시설을 준비 중이다.

세 번째로 기존의 안동식혜의 경쟁력 강화다. 안동식혜의 상품화에 가장 큰 문제점으로 꼽힌 것은 유통기한이다. 안동식혜는 삭혀서 만드는 발효식품이기에 유통기한이 짧다. 현재 안동식혜의 유통기한은 20일인데 식품으로서 판매가 될 수 있는 기간은 이보다 더욱 적을 수밖에 없다. 이것은 상품화에 있어 큰 문제점으로 지적되고 있기에, 완제품이 나온 이후 유산균을 억제할 수 있는 방안을 연구 중에 있다고 한다. 이것이 실현된다면 유통망의 확대와 함께 더욱 대중적인 인지도를 가질 수 있을 것으로 보인다.

안동에는 지역 고유의 특산물들이 많이 존재하고 있는 편이다. 그렇지만 하나의 특산물만 판매하는 것에 그치는 것이 아니라, 다른 특산물과의 연계를 통해 같이 발전하는 방안을 모색할 수 있는 것이다. 이러한 각 특산물 사이의 연계는 여러 효과를 얻을 수 있다.

식혜는 한정식, 헛제사밥과 같은 한식 식사에 있어 후식으로서 활용될 수 있다. '김유조 안동식혜'에서도 이미 서울의 한정식 식당을 중심으로 안동식혜를 납품하여 후식으로 공급되고 있는 것을 확인하였고 헛제사밥의 경우도 그러하다. 안동의 전통 음식인 헛제사밥과 안동식혜의 만남은 안동 전통 음식의 정체성을 더욱 확실하게 규정해주는 방안이 될 수 있다. 이것은 비단 안동식혜에만 국한되는 것이 아니다. 안동에서 먹는 음식에 쓰이는 소고기를 안동한우로 사용하는 것 또한 같은 경우다. '안동의 음식은 안동의 것으로' 만들게 되면서 안동 음식의 정체성을 온전히 안동의 것으로 만들 수 있게 된다.

전통 안동식혜의 제조공정에 관해서는 지난 1990년 영남대학교 식품가공학과와 한국식품개발연구원 공동으로 시행하고 논문으로 보고가 되었다. 안동지역에서 식혜를 만들어 먹는 10개소로부터 얻은 시료를 바탕으로 시험을 하는 방식이었다. 식혜는 제조과정 중 전분 및 단백질 등의 분해로 생성되는 당분의 단맛, 신맛, 구수한 맛에다 지방의 전통적인 특색에 따른 향신료 등이 잘 조화된 우리나라 고유의 음식이다. 1680년의 『요록』에는 생선, 곡물, 소금의 전형적인 식혜가 수록되어 있고 1800년대 말경의 『시의전서』에는 곡물과 엿기름으로 감주를 만들고 여기에 유자를 섞어 산미를 더한 것을 식해라 하였다. 1896년의 『규곤요람』에는 곡물과 엿기름으로 된 식해 제조법을 처음 소개하고 있으나 현재 식해를 담그는 법에 관하여 약간의 제조방법만 설명이 되어 있을 뿐 지방의 전통적 식해를 담그는 공정과 유형이 확립되어 있지 못했다.

서울의 식해는 찹쌀과 엿기름으로 만든 감주에 설탕과 산류를 섞어 감미를 더한 것인데 비하여 지방에서는 특색 있는 향토음식으로 각종 식해들이 전래되고 있다. 특히 진주식해, 강릉식해 및 연안식해 등은 갈치, 명태, 조기, 대합, 가자미 등의 생선에다 파, 고추, 마늘 등의 향신료를 넣어 만드는 반면에 경상도 전통 안동식혜는 찹쌀, 엿기름, 생강, 무, 고춧가루를 혼합하여 숙성시킨 기호음료이다.

유형의 확립

안동식혜의 제조공정 및 유형의 확립에 관해서는 전국 유일의 안동식혜 가공공장인 영농조합법인 빨간 안동식혜(대표 김유조)에 의해서 이룩한 바가 크다. 그전에 물론 학문적으로 제조공정을 확립하려는 노력이 있어 왔지만 실질적으로 제조공정과 유형이 완전하게 자리 잡게 된 것은 안동식혜가 대중화되고 산업화되는 과정과 정확하게 맥을 같이하고 있다.

빨간 안동식혜의 경우 2007년 식품의약품안전청으로부터 '즉석섭취식품'이란 유형을 받았는데 그전에는 없던 것으로 안동식혜 때문에 식약청에 새로 생겨난 유형이다. 빨간 안동식혜는 식품유형을 확립한 후 시중에 6종의 상품을 선보인 데 이어 본격적으로 안동식혜의 대중화를 위해 국내외 전시회의 활발한 참여는 물론 온·오프라인 마켓 개장 등 다양한 판매망을 확보하는 시장 개척에 적극적으로 나서고 있다.

안동식혜의 세계화

유기농 먹을거리에서 시작되었던 웰빙 바람이 친환경 식품으로 거세게 불고 있는 지금이 안동식혜 세계화의 적기가 아닐 수 없다. 김치형 식해라는 안동식혜의 희소성과 전통성은 따로 보존해 가더라도 시대와 세계인의 입맛에 맞는 식혜 개발 또한 더 늦기 전에 착수해야 한다. 음식 전문가들 사이에서는 안동식혜의 경우 다양한 메뉴를 개발하여 조리법을 표준화하고 음식의 질을 세계인의 입맛에 맞춘다면 탄산음료 시장에서 건강음료의 이미지를 구축할 수 있다고 말한다.

최근 비락을 비롯한 대형 음료 회사에서 식혜를 내놓았지만 내용물은 감주형 식혜였고 야채 곡물형 빨간 안동식혜는 2008년에 안동식혜 영농조합법인이 선보인 것이 이제껏 전부다. 따라서 보다 적극적인 개발, 생산 및 유통, 마케팅이 이루어져야 할 필요성이 있다. 개인 업체에게만 책임을 지우기보다는 안동시 등 지역문화를 담당하는 주체들의 적극적인 지원과 실천이 필요한 때이다.

최근 들어 한국인에게 가장 중요한 핫 이슈는 건강과 다이어트이다. 특히 여성들에게 있어서 다이어트는 평생의 숙제로 여겨진다. 또한 안동식혜의 맛은 처음 먹었을 때 개인의 기호에 따라 거부감이 들기도 하고 두 번 먹고 싶어지는 맛이 아닐 수도 있다. 하지만 한국인에게 건강과 다이어트에 효과가 있다고 하면 그 정도는 감수해낼 수 있는 것이다. 따라서 건강과 다이어트를 중점으로 홍보마케팅을 한다면 안동식혜가 대중들에게 널리 확산될 수 있을 것이다.

안동식혜는 끓이지 않고 재료를 넣어 발효시킨 대표적인 웰빙슬로우푸드이다. 이미 안동식혜는 고혈압을 치료하는 데에 효과가 있다는 보도가 나오기도 했다(MBN 천기누설] 2014년 9월 7일 추석특집편). 고혈압 판정을 받은 한 여성이 상태가 악화되었는데, 안동식혜를 꾸준히 마신 후부터 혈압이 정상으로 돌아왔다. 또한 발효되면서 생성된 효소가 소장에서 유산균과 유사한 작용을 해 혈압을 잡아주는 것뿐 아니라 소화기능까지 개선하는 것으로 밝혀졌다. 또한 안동식혜에 들어있는 무의 매운맛 성분인 유황화합물 '이소치오시아네이트' 등에는 항암효과가 있는 것으로 알려져 있다. 안동식혜를 하루에 한 잔 먹으

면 고혈압도 잡고, 건강해질 수 있다는 것을 보여준 사례이다.

안동식혜에 대해 식품영양학과 윤택준 교수는 "심폐기능을 강화하는 고추의 캡사이신 성분과 모세혈관을 넓혀주는 생강, 항산화 기능을 하는 무의 베타인 성분 등이 고혈압을 완화하는데 도움을 줄 수 있다. 이런 식재료들이 혈액 순환을 도와 고혈압을 치료한 사례가 있다"고 전했다. 이와 더불어 내과 전문의 김성훈 원장은 "안동 식혜가 몸에 좋다고 너무 많이 먹게 될 경우, 급격하게 혈당 수치가 상승할 수 있다"고 부작용에 대해서도 알렸다.

[MBN 천기누설] 2014년 9월 7일 추석특집편

안동식혜는 제조 후 30일에서 100일정도 숙성시키면 발효식초로 사용할 수 있다. 이미 식초에 대한 효능은 입증된 바가 있다. 식초는 알칼리성 식품으로 식초 자체는 산성을 띠지만 사람 몸에 들어가면 분해되어 알칼리성 물질만 남는다. 식초는 지방이 합성되는 것을 방지하는 성분이 들어있기 때문에 체지방의 합성 속도를 늦춰주고, 몸에 지방이 쌓이는 것을 막아준다. 노폐물을 배출하는 효과가 크기 때문에 꾸준히 섭취하면 다이어트에 도움이 된다. 또한 식초는 젖산을 분해해 피로를 없애주고 변비를 개선해 주며 피부트러블에 효과가 있다.

안동식혜를 식초로 사용할 때는 이를 더욱 숙성시켜 남아 있는 건더기는 제거하고 맑은 물만 사용한다. 하루에 두 번 혹은 세 번 정도 마셔주고, 생수나 우유 등 각자의 기호에 맞는 액체에 희석하여 마시면 된다. 식초의 신맛이 강하게 느껴지면 요리에 사용해 먹으면 좋다. 식전보다 식후에 마시는 것이 좋으며, 분량은 물에 희석하지 않았을 때 15ml가 적당하다. 안동식혜를 보관하면서 후식으로 먹고, 먹다 남으면 숙성시켜 식초로 사용할 수 있는 것이다. 직접 만들어서 먹을 때는 찹쌀 대신에 멥쌀을 사용하고 엿기름의 양을 최소한으로 줄여야 하며, 설탕을 첨가하지 않으면 다이어트용으로 적합하다.

안동의 역사와 삶의 이력을 담고 있는 안동식혜는 더욱 다양한 목적과 대상으로 확대되어 생산되고 유통될 필요가 있다. 안동문화의 가장 특징적인 성격을 보여주는 특별한 문화콘텐츠로서 안동식혜에 주목할 필요가 있으며, 특히 한국인의 현대적 생활문화 중 가장 변화의 속도가 느린 식생활 측면에서 살펴본다면, 이전의 감주식혜의 대중화처럼 안동식혜의 대중화와 의미화 역시 그리 먼 미래는 아닐 것이라 판단한다. 안동식혜를 대대로 이어오고 있는 전승자, 관련 연구자들과 생산자, 문화 유통자들의 더욱 적극적인 활동과 성과를 기대한다.

[참고문헌]

김미영, 「종가문화의 현재적 의미와 과제」, 『안동학』 13, 한국국학진흥원, 2014.

김유조, 「안동식혜의 성공 전략」, 『한국지역사회생활과학회 학술대회 자료집』,
　　　 한국지역사회생활과학회, 2011.4.

배영동, 「안동지역 일상음식과 제사음식의 비교」, 『민속연구』 9, 안동대 민속학연구소, 1999.

_____, 「안동지역 전통음식의 탈맥락화와 상품화」, 『사회와 역사』 66, 한국사회사학회, 2004.

_____, 「안동식혜의 정체성과 문화사적 의의」, 『실천민속학연구』 14, 실천민속학회, 2009.

윤숙경, 「식혜의 고장 안동의 식생활문화를 추적한다」, 『안동문화』 16, 안동대학교 안동문화연구소,
　　　 1995.

_____, 「안동식혜의 조리법에 한 연구(1)」, 『한국식문화학회지』 제3권 1호, 한국식문화학회, 1998.

_____, 『경상도의 식생활』, 신광출판사, 1999.

이훈상, 「조선후기 경상도 감영의 영방과 안동의 향리사회」, 『대동문화연구』 55, 성균관대
　　　 동아시아학술원, 2006.

_____, 「19세기 후반 향리 출신 노년 연령집단과 읍치의 제의 그리고 포퓰러 문화의 확산」,
　　　 『민속학연구』 27, 국립민속박물관, 2010.

최성달, 『한국 음식의 종가 안동 食』, 안동문화원, 2010.

한양명, 「초남 이계수의 차전가를 통해 본 19세기의 안동차전」, 『한국민속학』 38, 한국민속학회, 2003.

石毛直道, 김상보 역, 『魚醬과 食醢의 연구(몬순·아시아의 식사문화)』, 수학사, 1995.

'김유조 안동식혜' 홈페이지 http://www.andongsikhye.com/

[MBN 천기누설] 2014년 9월 7일 추석특집편.

안 동
문 화
100선

●●❸

안동식혜 安東食醯

초판1쇄 발행 2017년 12월 20일

기 획 한국국학진흥원
글쓴이 최성달
사 진 이동춘
펴낸이 홍기원

총괄 홍종화
편집주간 박호원
편집 · 디자인 오경희 · 조정화 · 오성현 · 신나래
　　　　　　　김윤희 · 이상재 · 이상민
관리 박정대 · 최기엽

펴낸곳 민속원
출판등록 제18-1호
주소 서울 마포구 토정로 25길 41(대흥동 337-25)
전화 02) 804-3320, 805-3320, 806-3320(代)
팩스 02) 802-3346
이메일 minsok1@chollian.net, minsokwon@naver.com
홈페이지 www.minsokwon.com

ISBN 978-89-285-1145-7
S E T 978-89-285-1142-6 04380

※ 책 값은 뒤표지에 있습니다.
※ 잘못된 책은 바꾸어 드립니다.